U0094006

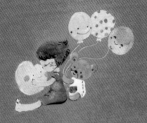

Never Mind，
Everything will be all right !

哭完就好，
事情哪有這麼嚴重!

序

別擔心，一切都會好轉的！

在我從事占卜工作時，往往可以聽到別人不欲人知的心聲。

例如，孩子才剛出生，父母就抱著襁褓中的嬰兒，急著跑來問我：「老師，請問這個孩子未來能不能有所成就？」

也常遇到面臨轉業、失業，或是在工作上一時受挫的年輕人，一臉疲憊地問我：「老師，我在這一行到底有沒有前（錢）途？」

不過，我最常聽到的，還是愛情的各種疑難雜症，總有人不厭其煩地問：「老師，請你幫我看一下我跟這個人適不適合？」

以占卜的立場，我會首先參考問卜者性格中的弱勢、強勢之處，再以此作為提醒的重點，但無論如何，最後我一定會做出正面的結論。

例如，針對前例的父母，我的結語是：「這個孩子天生就有一種特殊的天賦，是每個孩子所沒有的，如果你們能鼓勵、支持他往這個路線發展，他未來一定不可限量。」

眼見失意的年輕人，我會說：「雖然眼前的壓力很沉重，但只要你熬過去，就會發現這都是為了幫助你達到人生的另一個高峰，面對當前的轉折，千萬不要氣餒，過了這一關，你的前途將一片大好！」

遇到在感情上躊躇不定的男女，我會鼓勵他：「人生一輩子能夠覓得幾次真愛？人沒有十全十美的。他適不適合你，其實只有你自己最清楚，只要在不傷害自己的前提下，愛或不愛，就遵從心的決定吧！」

我相信，每個人到這個世界上，一定有他的使命。

但我們卻常常看見前方的障礙，就僥倖地繞道而行，還以為最順遂的道路就是最合適自己的道路。不過，人生如果有那麼簡單，那麼這

個世界上應該會少了一大把的比爾蓋茲、巴菲特和梵谷；你在螢光幕前所見的一線影星，應該也都消失了。

　　當然，我也承認，人很難對一切坦然，我就算明白了自己命格中的弱點，也不可能完全超脫這個由性格、命運交織的人生。

　　我還是會莫名的沮喪、難過時會暗自哭泣，甚至害怕身邊朋友、親人、情人有一天會離我遠去。

　　But，so what？

　　Never mind，everything will be all right！

　　黑夜再漫長，黎明終會到來；寒冬再嚴苛，春天仍會發出綠芽。

　　It's the circle of Life. 坦白説，如果一年365天都照著你的理想劇本演出，那人生不是無聊透頂了嗎？

　　Free yourself from the destiny！

　　人生中最重要的是：

　　「把每件事當成一個踏板，不要輕易否定任何東西」。

　　當你逐漸地在心中加深這個觀念，

　　你會感到，

　　自己第一次張開翅膀，輕鬆地在生命中飛翔！

　　恭喜你！能和真實的自己、理想的生活如此接近！

　　　　　　　　　　　　　長澤玲子

Contents
目錄

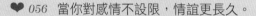

Contents
目錄

01
Set yourself free
卸下武裝的自己。

我們的身體，對於自己的心情是非常敏感的。
如果在人前緊張地武裝自己，
不僅呼吸會變得很急促，
連身體也會變得很僵硬。

只要能稍微試著打開心扉，
你會發現這個世界會變得全然不同，
因為你的心容納了更多的人，
對方的心也會因你的加入而更多采多姿。

即使一個人很有錢、看起來很親切，
如果他對別人緊閉心房，
不論有多少人陪在他身邊，
還是會感到非常的寂寞。

相反的，

有的人可能看似平凡，

但是卻懂得放開心胸，

因接納別人而豐富自己的見聞閱歷，

讓人生閃閃發光。

有時候，只要鬆開一點點防備，

愛就能走進你的心。

02 *Everyone has their own problems*

看起來很開朗快樂的人，
　　未必是幸福的。

一生之中，每個人都曾有陷入
「自己是世界上最不幸的人」
之類想法的時候。

然而，當我們覺得只有自己最痛苦時，
就會失去對外界的洞察力，
在感受自己的不幸之時，
總覺得別人的痛苦是在無病呻吟。

其實會煩惱的，並不是只有你一個人而已。

如果我們擔心的問題很嚴重，
通常會直覺地隱藏自己正在煩惱的事。

就像是真正為錢苦惱的人，
反而不會把「我沒錢啦！」掛在嘴邊，
即使他們已經過得非常清苦，
卻依舊能汲取生命中的養分。

因為生活就是交織著歡樂與悲傷的片刻，
就看你要用苦瓜臉還是笑臉走過這一天。

03 *Let's fight together*
當朋友陷入低潮時，
衷心地為他打氣吧！

所有人都擁有無法逃避的宿命。

到底自己的痛苦是不是比別人痛，
或是這件事是否比那件事更困難，
都不是可以客觀衡量的。

因為對於身陷其中的人而言，
這份苦楚無疑是最大、最絕對的。

不如這樣想：
別人與自己都同樣在和命運搏鬥，
如此一來，
即使遭遇不順，也能以平常心面對。

然後，就像面對自己的人生般，
在他人遭遇生命的落陷時，
衷心地為他打氣：「我們一起加油！」

可惜的是，
我們會發現……
自己常常失去這樣體己的心。

加油!!

04 *Have consideration for others*
偶爾設身處地，
體諒一下身邊的人。

當我聽見年輕人，

七嘴八舌地討論職場上的困境時，

總會勾起我不少回憶……

為什麼我會特別在意他們的工作狀況？

因為我自己曾是以工作為重心而活著的人。

如果曾經罹患重病的人，
大概就會想說：「請大家注意健康！」

如果曾出過車禍的人，
也許就會呼籲：「別開太快，人車平安最重要。」

人們逐漸年長之後，
很自然地就會希望自己經歷過的痛苦，
不要再讓年輕人承擔。

偶爾也用這種設身處地的感受，
去體諒一下身邊的人吧！

爸爸的晚歸是為了讓這個家過更好的生活，
媽媽的叨念是為了不讓你在外面跌倒受傷，
生活中，每個人都有自己的角色。

只要你能體諒對方的心意，
許多矛盾與衝突就會消失得無影無蹤。

05 *Light up the darkness*
如果不想再受傷，
請以更溫暖的心待人。

很多人會覺得被人冷淡的對待，
而被失落感籠罩。

即使你付出關懷，
依然無法改善與對方的關係，
那也無所謂。

當你感受到他身上的痛苦與自己相似，
就在心中用更溫暖百倍的力量去對待對方。

如果有機會的話，
更要默默地伸出援手，
反而會得到善意的回應。

勇敢伸出你的雙手，
漸漸地，
你發現自己曾經因恐懼而冰冷的心，
竟然變得如此溫熱。

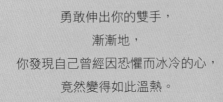

06

Pay it forward

對陌生人，互相傳遞溫柔。

如果在咖啡店的時候，
能夠以溫和的態度向服務生點東西，
對端水的服務生也抱著感謝的心情，
這樣做也等於撫慰了我們自己。

一旦接收到你傳達出來的謝意，
服務生的心裡就可能產生
自己的工作確實收到成效的感覺。

然後，從工作中得到小小的成就感，
獲得被肯定的喜悅。

沒想到，咖啡店的小小一杯水，
竟然有這麼大的效用！
是不是令人覺得不可思議呢？

但是，我們生存的意義、獲得喜樂的根本，
不就是從日常生活裡，
隨處可得的人際關係中間接形成的嗎？

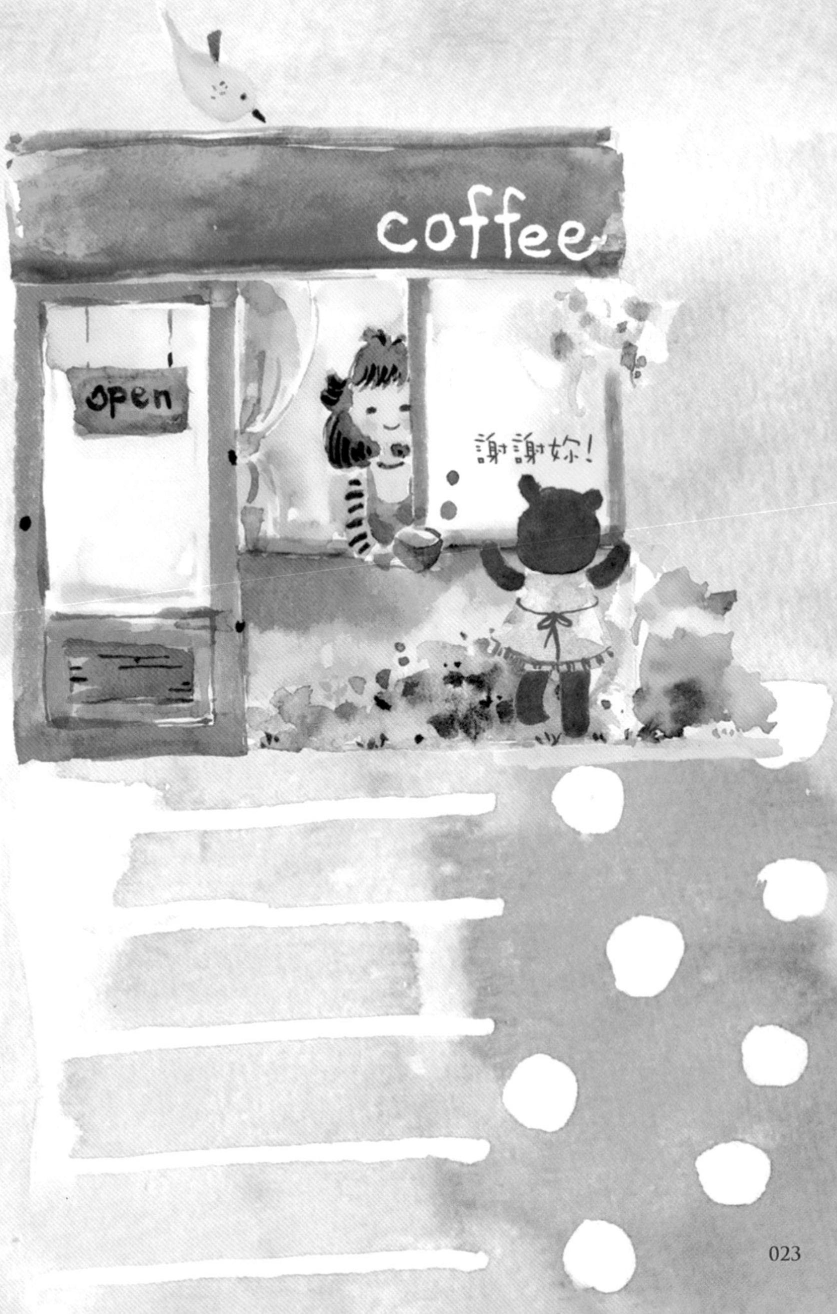
coffee
open
謝謝妳！

07

Care about the nobody

我們真正該在乎的，
並不是比我們強的人，而是比我們弱的人。

在最無關緊要的場合或人際關係中，
想想看，自己是如何表現的？

這時的自己，才是真正的你。

你知道嗎？
一旦內心深處的想法發生改變，
外在馬上就會顯現出來。
即使一個小小的動作，
都會將內心深處的想法表露無遺。

所以，
我們真正該害怕的人，
並不是比自己優勢的人，
而是比自己弱勢的人。

打開心房的第一步，
應該要從這裡開始。

08 *Live with the imperfections*
認清眞正的自己與別人眼中的自己。

我們都希望朋友或戀人眼中的自己是完美無瑕的。

在朋友或戀人面前，會儘可能表現出自己的長處，
但是，在彼此熟悉之後，
缺點就會一一浮現出來，
而被對方發現。

如果對方因此耿耿於懷，
就該誠實地檢討自己：「我這樣確實不好。」

如果不肯正視缺失，
而一心一意地認為：「是他不了解我。」

這兩種截然不同的態度，
對於你與此人的親疏遠近，
將有決定性的影響。

其實，如果實際的自己與感受到的自己之間，
沒有太大的落差， 就不會發生這樣的問題。

09 *The way I am*
就是這樣的你，才會被愛。

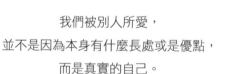

我們被別人所愛，

並不是因為本身有什麼長處或是優點，

而是真實的自己。

為什麼從嬰兒到孩提時代的我們，

會得到最多的愛呢？

因為，
那時我們展現的是真正的自己。

在跟朋友的交往、
跟戀人的相處，
也是一樣的。

所謂的真實，
就是未經加工過的、修飾過的成品，
單純地讓對方有愛著本人的真實感。

就是這樣的我，
才值得被愛。

這足以影響一輩子的人生觀，
千萬不可以忘記。

10
Believe in yourself
對心中的感覺，如實以對。

畢卡索在多年之後，
才找回了一度失去的童真，
而留下了許多再也無人能超越的跨時代鉅作。

要再度找回與生俱來的自己，
必須對自己心中曾有的感覺，
坦白承認後，才會開始。

如果發生了自己也不能容許的情感，
就想逃避，
或是漠視它的存在，
這是不對的。

應該無條件地承認它的存在。

那麼我們自己，
就不只是想像中那樣而已。

11

Breaking the walls existing in mind

我該**離他近一點**，還是遠一點？

可以對誰表現出心中真實的感情？

在哪些人面前必須要隱忍？

我們內心會衡量人與人間的熟悉程度，
訂出衡量親疏遠近的標準。

只是習慣對他人築起心牆的現代人，
常常不知如何去確認
他人和自己的感情距離。

「我應該和他深交嗎？」
有這方面困擾的人越來越多了。

其實只要坦然地表現自己，
當你認識了
在他面前能無拘無束的朋友後，
自然就知道與他人的適當距離是多遠了。

12

Be honest with yourself

偶爾任性一下也無妨。

「我想要你揹我……」
只是單純地表現出心裡所想的事情，
跟命令式地表達：「揹我！」
給對方的感覺是完全不一樣的。

對方也許會半開玩笑似地回應：
「好啊！上來呀，我揹你！」

如果可以稍微對自己的心誠實一點點，
即使心中覺得那是愚不可及的念頭，

也可以大聲地說：
「耶！其實這樣也很有趣呢！」
而承認這個事實。

小小的希望，
通常只要你稍微承認一下就可以獲得滿足，
而在一瞬間消失無蹤。

因為忠實表現出內心情感的人，
是絕對不會被討厭的。

13

You deserve better from love

不用**因**為被愛而不安……

有了真實的自我，
才會湧現出被愛的真實感。

如果只是讓人愛著自己想被看到的部分，
會讓對方向著虛構的自己傾注愛意，
我們也會因為被愛而產生不安。

這只會把原本單純心與心的接觸，
變成一種達到目的的手段。

有時面對毫無理由，卻急湧而出的感情，
反而會讓我們認真思考：
「我是真的喜歡他嗎？」
最後卻變成一再地懷疑自己。

即使是在不容許的情況下，
也不能把自己的感情強壓下來，
應該去承認它。

如果我們能坦然地面對真正的感受，
人生就會逐漸變得如你所願，
因為你擁有一顆純然的心。

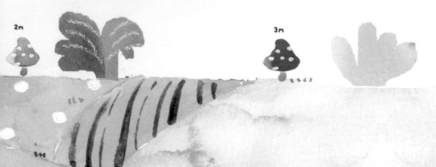

14

Show your talent

爲什麼都沒有人
看見我的才能呢？

每個人其實都很有才能，

但為何有許多人無法發揮自己的才華呢？

不知從何時開始，

許多人寧願去選擇恐懼與不安的心情，

也不願意相信自己做得到。

只要將日常的言行，
由不安與害怕，轉變為喜悅、振奮的語句。

與其心中想著：
「真不希望變成那樣……」
「如果失敗了該怎麼辦？」

不如轉變成：
「如果能順利成功，就太棒了！」
以此做為行動的動機。

當幹勁如影隨形，
希望也會源源不斷。

15
實現你打從
心底希望的事。

You'll get what want

伸出去的手，
到底會不會被推開？

最友善的笑容，
會不會被視而不見？
這種不安，任誰都會有的。

但是，如果親身體驗，
就會明瞭很多令人害怕的事情，
是因為我們太在意而造成的。

只要放下懷疑的心，
微笑地與人交往，
也會被親切地對待。

因為，
這是每個人打從心底希望的事。

16

To take risks

自己主動選擇朋友和戀人，
去冒險吧！

希望過著只有等待的人生，
還是可以自由選擇的人生，
我們總是要決定的。

當然，我會推薦的，
是主動向對方展開笑容的生活。

這樣既快樂，又有趣，
還可以自己選擇朋友和戀人。

可以不用懷疑對方，
也不會因為對方的感情動向，
而讓自己的心意動搖，
反而能輕而易舉、正確地接收訊息，
所以，就可以給對方最需要的協助。

如果這樣做，可以更喜歡對方，
更讓對方希望有你在身旁。

我們應該一開始先冒點風險，
而且很快就可以發現並不會招致任何損失。

17

Work behind the scene

不要求對方，只在乎自己的付出

自己打開心房，

只要不是為了求取某種結果，

就絕對不會傷害我們的心靈。

所謂的不要求結果，

是指雖然心甘情願地打開心房，

卻不強求對方也照做。

因為我們一直以來，

都有向某人打開心房，卻被潑冷水的經驗，

所以就習慣對人緊閉心房，

如果不要求對方，只是自己付出，

對方和自己，

都會因為自在而感到愉快。

18
Fight for yourself
讓天賦自由，爲了自己而戰。

上帝送給你通往幸福的一道大門，

就是天賦。

「我的天賦在哪裡呢？」很多人會這樣問。

「與別人不一樣的才能，只有你可以做得更傑出。」

順著天賦的道路去尋找幸福，

即使必須披荊斬棘，

你也不會容易退縮。

因為你不是為了任何的事物、

不是為了誰而做，

而是為了你自己而戰。

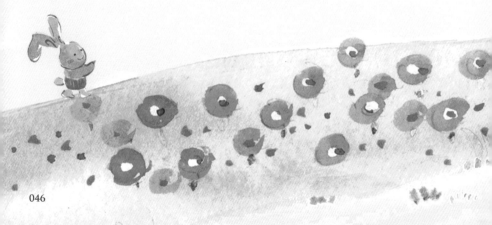

19

Your own alter ego

朋友，
只要有一個
真心的就夠了。

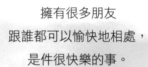

擁有很多朋友
跟誰都可以愉快地相處，
是件很快樂的事。

如果朋友越來越多，接觸到的生活方式也多采多姿，
朋友再介紹朋友，就可以大幅地擴展人際關係。

我們都希望有很多朋友，
看到被許多友人圍繞的人，
心中常會欣羨不已。

但是，朋友的人數真的那麼重要嗎？

我不這麼認為，重要的是，
在眾多朋友之中，
只要有一個真心的就好了。

你有沒有一位真正的朋友呢？

20 *Cherish the ordinary life*
平凡比非凡更難得。

雖然人有飾演各式各樣角色的欲求，
但如果只是為了受歡迎，
不就完全失去了自己嗎？

跟不變的長遠友情比起來，
受到數人、數十人，甚至數百人的歡迎，
更容易讓我們產生自己好像很偉大的錯覺。

這不只會發生在人際關係中而已。
我們很容易以為比起平凡的生活，
非凡而偉大的事情比較值得追求。

其實平凡比非凡更難得，
人生最重要的關鍵之一，
就在這裡。

21

Throw away your darkness

成功的人生，
全靠自己的勇氣、信仰和態度。

成功的人生，
其實全靠我們自己的勇氣、信仰和態度，
然而一般人卻不了解這一點。

當事情一不順利時，
就會聽任恐懼主宰自己的心智，
讓小小的不安助長了眼前的危機。

當你感到沮喪時，
無論遭遇什麼，
都不要反覆回想自己的不幸，
反而要去想那些最愉快、感動的過程。

當你趕走遮蔽心田的黑影，
快樂的陽光才會再次照亮你的生命。

22 *Trust your ability*
你就是你想像中的自我。

經常說自己不好或抱怨他人的人，
最後就成了自己口中那樣的人。

對自己一句批評的話，
其毀滅的力量將遠勝於別人批評的十句話。

如果你總認為自己會矮人一截，
那就注定成為一個平庸的人；
若覺得自己能力很強，
成就必然顯著於世。

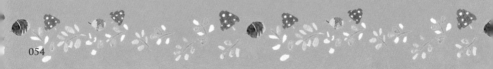

如果你一直達不到目標，
首先要檢視自己是否擁有正面的思考。

因為別人對你能力的判別標準，
來自於你的行動，
而行動是受內心的思想所控制。

你就是你想像中的自我，
永遠別忘了這一點。

23
Open your mind to embrace love
當你對感情不設限，
情誼更長久。

當自己與朋友之間，

加入了一個第三者，

通常會產生

害怕對方被搶走的複雜心情和危機感。

要解決這個問題的關鍵，

唯有相信彼此之間的感情。

並在為對方謀求幸福的前提下，

打開心，放開手，

看清別人的同時，也看清自己。

因為很多人都無法跨過這一層，

甚至以為朋友背叛了自己，

而失去了曾經非常知心的朋友。

只要跨過自己的心理障礙，

當你對彼此的情感不設限，

不受限的友情更可長可久。

24 *Good luck comes from hard-working*
讓自己變成眞正的「幸運兒」！

有些人談起別人的境遇，

總會忿忿不平地說：

「那是他們運氣好！」

他們認為別人的命運是一帆風順，

自己的際遇則是倒楣透頂。

當一個人看不到自己在失敗中應負的責任，
就會責怪另一半、
抱怨一起共事的夥伴、
怨嘆生不逢時、大環境不景氣……
成天談論所有的人
如何「虧待了他」。

「幸運兒」卻不願耽誤這些時間，
他們忙於從錯誤中學習，
忙著解決問題，忙於勤奮工作，
忙於生氣勃勃地樂觀面對一切挑戰。

「幸運」不是降臨在我們頭上的偶發事件，
而是來自平日對人對事的埋頭苦幹。

25 *Forget heartbreaking memory*

拔掉往日那些
椎心刺骨的荊棘。

這些年的經歷，
在你心中種下了椎心刺骨的傷痛。
為了避免觸碰傷痕，
你甚至採取不自然的態度來避免痛苦。

明明還是很在意那些事，
在人前卻總是一副快樂開朗的態度，
為了不要再受更重的傷而努力活著。

在這個世界上，
可以傷害我們的東西多不勝數，
之所以受傷，並非因為你本身有什麼不好。

因為不管是傷害的人、被傷害的人，
都是站在同一個舞台上。

當時並沒有誰不好、更沒有人做錯，
當你明白了這一點，
就能拔去心中的荊棘，
從寬恕中獲得重生。

26

Explore priceless treasure inside your mind

挖掘自己心中的無價之寶。

絕大多數的人，
一生最大的問題，就在於內心從未被喚醒過，
或是直到晚年才真正認識自身的能力，
卻為時已晚。

所以，當我們年輕時，
最好盡可能地接觸那些能夠激發我們志向、
並能促使你思考和行動的人事物。

不論是閱讀一本激勵人心的書、
看一齣感人至深的電影，
或是選擇那些能激勵自己、點燃熱情的朋友，
都能幫助你發現一個嶄新的自我。

想要發揮生命最極致的價值，
就要從挖掘自己心中的無價之寶開始。

27

Free yourself from fear

恐懼是
一種改變氣場的天氣預報。

當暖空氣遇見冷空氣時，
就會凝結成雲，降下雨滴；
當我們面對不確定的事物時，
心中就會升起莫名的恐懼。

「他會不覺得我沒做好…？」
「你是不是不愛我了…？」

一個人如果常用負面的情緒
去質疑原本正面的事物，
就會常常處於不安的心理狀態，
直接地影響了自己的氣場，
改寫了可能幸福美滿的結局。

用正面的信念排除內心的雜念，
用溫暖的能量強化自己的氣場，
避免讓各種黑暗的意念進駐你的心。

慢慢地，你會發現……
其實自己也有影響晴天、雨天的超能力。

28 *Failure is the stepping-stone to success*
失敗是向上的階梯。

檢驗一個人最好的機會，
最好是在他失意之時。

他是灰心喪志，
還是更加堅強？

他是倒地不起，
還是馬上站起來？

小時候我們都知道：
跌倒了，就要馬上爬起來。

但逐漸長大，心卻越來越軟弱，
只要一摔跤，就小心翼翼地護著傷口，
不敢再走那條路了。

其實跌倒並不算失敗，
跌倒後站不起來、
還在地上哭鬧、怪東怪西的人，
才是真正的失敗者。

29 *More than one way*
山不轉路轉，路不轉人轉。

當某一個方向窒礙難行或根本行不通的時候，
我們就應該想辦法改變方向，
而不是消極地在一旁害怕與煩惱。

就像如果用金錢去解決金錢的煩惱，
用外遇去解決外遇的問題，
只會讓我們愈陷愈深，終至無法自拔。

或許你的問題很大，
到目前你還沒有想到解決的辦法。

但無論你再怎麼煩惱，
你還是要吃飯，你還是有公事要處理
這並不是安慰你的話，而是事實。

我們常會不知不覺地忘記，
無論我們再怎麼煩惱，
還是可以生存下去。
因為生存，並不是只靠單一的條件而已。

30 *Things gonna be all right*
告訴自己：「沒關係！沒關係！」

人在心煩的時候，
不僅聽不進任何道理，反而會很心急地問別人：
「請你趕快幫我想想辦法！」

以前有位非常高深的占卜師，
他常會對那些因煩惱前來占卜的客戶說：
「沒有關係，我會幫你解決的，不必擔心。」

客戶回家之後，
居然發現事情迎刃而解，而大感其神準。

有些人覺得占卜師每次說的話都千篇一律，
而氣沖沖地去找他麻煩，還罵他：
「你根本就是一個騙子！」

占卜師回答：
「在這個世上，沒有什麼事是絕對不可能的。
當我看了一個人的手相和面相之後，
只要知道那個人明天、後天都不會死，
我就會告訴他：『沒關係』、『不要緊』。」

當你戰勝了煩惱與焦慮，
把全副精神都用來解決問題，
Happy Ending 也會隨之降臨。

31

Learn to identify yourself

戀愛的經驗值，並不等於自我價值。

有些人會為了沒有戀人而煩惱，
有些人則會為了擁有戀人而不安。

因為無法認可自己的價值，
才會企圖以外在的東西來肯定自我，
結果，為了追求完美，
新的煩惱馬上又隨之產生。

例如，當情人的態度有點不一樣時，
就會將它放大、放大、再放大，
像這種事情每天都在上演。

如果企圖以外來的事物確認自己的價值時，
那麼，只要那事物稍微發生一點異常的變化，
馬上就會否定自己，
使自己陷入無底的深淵中。

其實戀愛的經驗值並不等於自我價值。

如果你無法看清這一點，
擁有越多，
只會帶來更多新的問號⋯⋯

32 *Pain passes , but beauty remains*
痛苦會過去，美麗會留下。

煩惱只不過是人生中的一小部分而已，
你還有大好的人生尚未體驗！
我曾經花了一段很長的時間才明白這個道理。

因為我容易胡思亂想和愛鑽牛角尖，
所以只要一有解不開的問題，
整個頭腦就會不停地繞著那件事情打轉，
常常因此打亂原本的生活步調。

下次當你感到痛苦萬分、無助絕望的時候，
試著告訴自己：
「這一刻很快就會過去的。」

不論眼前遇到的是怎樣的困難，
只要我們不否定自己，
就一定會有辦法的。

就像過去即使曾經遭逢極大的痛苦，
有一天痛苦也會遠離，
現在的你，
就是戰勝過去最好的證明。

33 *God helps those who help themselves*
上天始終是眷顧有所成長的人。

有一天，我認識了一位非常冷靜的人，
他對人生的沉著應對令我很佩服。

他替朋友做保，
倒楣的是，錢一到手，朋友竟然跑路了，
他只好幫朋友償還大筆的債務，
也改變了他原本的人生。

雖然如此，他並沒有因此而沮喪、恐慌，
也從來沒有責備過那個讓他背了一身債的朋友。

當時，他告訴我：
「我所損失的只是金錢，並沒有損失金錢以外的東西。」

他也十分清楚：
就算反應激烈、憤世嫉俗，
更於事無補。

因為每個月須償還的金額相當大，
後來連他的太太也被迫外出打零工，
這場危機，
卻使得家人之間更緊密、團結。

為了還債，他在房價最高點時不得不賣掉房子，
一家人成為無殼蝸牛、四處租屋；
十年之後，適巧碰到泡沫經濟破滅，
他又以當初賣房子十分之一的金額，
將自己深愛的家再買回來。

像這樣的遭遇，絕對不能說只是單純的巧合而已，
因為上天始終是眷顧有所成長的人。

34
感謝
是製造人生奇蹟的原料。

世界大戰曾使許多人受傷、死亡，
這是極其悲傷又不幸的事。

但對於身負重傷後，
有幸從激烈戰場中存活下來的士兵而言，
生還的喜悅絕對超過負傷的痛苦。

沒有失去全部，
就是件值得慶幸的事。

遺忘了這種喜悅，
而執著於部分的不幸是相當愚蠢的。

感謝，可以使你湧現無比的活力，
使你在意想不到的地方，
尋獲解決問題的方法。

Thanks for everything you receive

35

Confirm the kindness of yourself and others

改變現狀，
有時候只要先從肯定自己與別人開始。

我們之所以會失望，
是因為理想和盼望有時候超乎現實。

我們不僅不能接受這個世界、其他人
和自己原本的樣子，
而且還將我們的理想和標準，強加在自己與他人身上，
才引發了挫折的連鎖效應。

解鈴還須繫鈴人，
如果你反覆考慮一件事情的不公平性，
卻不努力改變現狀，
你所進行的將是一場永不得勝的戰爭，
你也會覺得自己是個飽受命運操控的輸家。

放棄自我攻擊與自我防衛的戰爭吧！

解決問題，改變現狀，
有時候只要先從肯定自己與別人開始。

只要抱此信念，
不論遭遇何種困難，都能從中得益。

36

Love the way
they are

愛孩子，
並接受孩子原本的面貌。

心胸寬大、滿懷愛心的父母，
會去愛孩子並接受孩子原本的面貌。

不過，有些父母對孩子的期許沒有獲得滿足時，
就會責備子女：「你為何會這樣做？」
或是冠冕堂皇地對孩子說：「我是為了你好…」
想透過獨裁式的權威，來消除自己對社會的無力感。

小孩子也會覺得自己必須努力當個乖小孩，
才能得到父母的疼愛。

任何人都希望被喜歡，
但是，我們卻常會因為想要被愛而失去原來的自我。

一旦「渴望被愛」變成我們的行動基準，
就會造成不良的影響。

試著對孩子說：
「對不起，請原諒我，我還是喜歡最初的你。」

打開心，讓孩子走進來，
也讓你的愛走進他們的心。

像朋友一般的親子關係，
其實一點也不難。

我們以為這是在「愛孩子」，
　　　實際上卻是在「害孩子」。

做父母的都會想要給孩子物質豐足的生活，

使其不至於奮鬥得太艱苦，

殊不知卻在不知不覺之中，

將禍害帶給了自己的孩子。

我們以為這是在「愛孩子」，

實際上卻是在「害孩子」。

因為能夠幫助我們發揮力量、才能的，

不是外援，而是自助，

不是依賴，而是自恃。

坐在「便利與幸福的軟墊上」，

會讓人昏昏欲睡。

假使凡事都為他們設想，

他們絕對無法獨立，

也將永遠依賴你。

人只有在面臨極限的試煉時，

才會拿出渾身的智力、能力，

去解救當前的危難。

放手給孩子一個成長的機會與空間吧！

38

If you get hurt , then cry out loud

如果你很受傷，
不要假裝沒有受到傷害。

當我們沒辦法接受事實的真相，
就無法治療曾受到傷害的自己。

努力遺忘傷痕，
最後只會得到虛有其表的愛。

唯有愛如實呈現，
當事者才會有滿足感。

如果越愛越覺得空虛，
甚至可有可無，
就應該提起勇氣承認這愛情的虛偽。

傾聽心中最純粹的聲音，
你才能以正確的眼光去觀察事物，
也才能找到真正適合你的人。

39 *Be yourself*

如果你是向日葵，
　　就不用想要成為玫瑰花。

一個人一旦不想做自己，

而不斷想成為別人，

他終會遭遇挫折的。

畢竟世界上沒有一片完全相同的葉子，
如果你是向日葵，
就不用去假裝成玫瑰花。

因為你有你的笑容，
他有他的芬芳。

40 *Find yourself*

藉由對他人的觀察，找回自我。

要逃脫虛假的自己，
首先應該要溫柔地接納
以往被自己所忽視和討厭的那一部分，
並承認它也是你的一部分。

如果我們太過理想化，
就很難發現隱藏的自我。

這時，不妨反觀自己是如何看待他人的。

因為自己所隱藏和厭惡的部分，
一定會投影在他人身上，
所以可以映照出真實的自己。

「某某某的那一點，真是令我無法忍受！」
將「某某某」換成是「我」，大致上就錯不了。

這時你可以用「或許我也有這種情形…」
這個角度來審視自己。

了解自己所害怕的、不能原諒的、不能容忍的是什麼，
才能讓自己得到真正的諒解和寬恕。

41

Strengthen your merits

與其費力地改正缺點，
還不如去發現自己的優點予以加強。

與其費力地改正缺點，
還不如去發現自己的優點予以加強。

經常注意到自己優點的人，
自然會養成發現他人優點的習慣，
所以人際關係也會變得更好。

如果你有一個想要完成的心願，
達成願望的秘訣就是必須得到多數人的幫助。

要做到這一點，
你勢必要和對方相處融洽，
當對方了解理念、產生共鳴，
才會採取行動。

而與人建立良好關係的第一原則，
就必須先從看見自己與別人的優點開始。

42

Healing your heart with appreciation

療癒三步驟：承認、諒解、寬容。

我們與他人的交談中，
其實隱藏著許多的暗示。

如果你經常打從心裡去讚美別人，
那麼對方被你所讚美的部分，其實你也有。
反之，如果你經常批評別人，
那麼你所批評的那一部分，其實你也有。

稱讚別人頭腦聰明的人，
他的頭腦必然也很聰明；
會因為他人心靈之美而感動的人，
他的心靈必然也是美麗的。
批評他人小氣節儉的人，
他自己也是小氣節儉的。

但是，沒關係，
每個人都有自己的痛處，
因為對方踩到了你的地雷，
你才會對他看不順眼。

理解自己，溫柔地接受自己厭惡他人（自己）之處，
可以使得隱藏在黑暗角落的那一面得到釋放。

隨著周圍無法原諒的人減少，
自己所得到的寬容就會愈多。

當你懂得接納自己、他人，
不愉快的人際關係會慢慢地好轉，
心也會更快樂。

43 *Be proud of your own specialities*
不必爲了自己
「不好的個性」而苦惱。

如果你希望自己擁有「理想的性格」，

並為了自己「不好的個性」而苦惱，

或許可以想想下面問題：

如果我們終日崇拜的眾神們，

已經具備了最完美的個性，

那麼神為何還要讓七十億以上的人口降臨呢？

我想是因為祂並不想再看到同樣的個性吧！

祂所樂見的世界，應該是各種性格的人生存其中，
才能發揮不同的才華，讓人間更多彩多姿。

況且，神造人之時，
也無法了解人們到底想做什麼？
或是未來會有什麼表現？ 只能以期待的心樂觀其成。

父母養育子女，也應該如此才會快樂。

與其堅持讓孩子朝某一個自己認為的理想
毫不放鬆地督促他前進，
還不如去了解孩子有著何種個性，
然後將它激發出來，
以樂觀其成的教育方式來期待他的成長，
會比較有趣。

停止這種批判自己的遊戲吧！
從現在開始，對自己的個性樂觀其成！

44 *Obtain satisfaction from daily activities*
在痛苦的時候，
更應該重視日常生活的活動。

我曾經有一陣子覺得活著是一件很辛苦的事，
對自己的未來非常的悲觀。

那時我沒有什麼錢，又一個人離家在外生活，
如果不工作，就無法生存下去。

因此，不管我再怎麼痛苦、難受，
我還是得出去工作，
直到傍晚累得快喘不過氣時，才回到我的小窩，
這樣灰暗的生活過了好幾年。

後來，
我才發覺因為沒有錢
才必須出去工作反而是幸運的。

雖然生活很辛苦，
卻不會讓我和社會脫節，
而工作也讓我學會了新的生活方式。

如果當時我很有錢，不需要出去工作，
現在的我又會如何呢？

或許我會因此關在家裡，
在心理或生活上反而更加孤立！

沒想到，原本想捨棄的最低限度的平凡生活，
反而救了我。

45 *The strength of will carries out your decision*
完全被感情所支配，
這樣的自己並不是真正的自己。

如果把生活重心完全放在感情上，
在那樣的感情淡化之前，
是無法做其他事情的。

悲傷的時候，挖掘記憶中的悲傷事件，
只會使悲傷的程度加劇，
讓自己陷入更悲傷的惡性循環當中。

這就好像企圖用手去制止水面上的波紋，
結果波紋卻愈來愈大。
感情也是一樣，
愈是壓抑，它就愈擴大。

最好是放任感情不去管它。
照常做平常該做的事，
就可以順利地回到正常的軌道。

因為感情而行動，
完全被感情所支配，
這樣的自己並不是真正的自己。

我們要自許自己成為一個能將感情拿得起放得下的人，
這樣可以使自己從許多情緒氾濫的悲劇中得到救贖。

要記住，
感情並不能用感情來解決，
行動才能使感情有所變化。

46

Unleash your emotion

感情是無法用意志力加以改變的。

當你很悲傷的時候，
不論你怎麼告訴自己：「我不能哭，不能哭……」
還是無法絲毫減弱悲傷的傷害力。

這好比企圖用意志力去改變令人討厭的天氣一般，
不論如何努力在心中想著：
「雨呀，停止吧！」
它還是不會如你所願地停下來，
感情也是一樣。

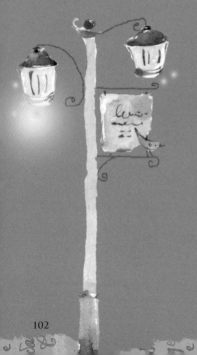

然而，
我們卻常會在不知不覺中想用意志力去改變感情，
結果，只是加深自己的失望而已。

既然明白感情是
無法用意志力加以改變的，
就應停止再向這不可能成功的任務挑戰。

覺得慚愧的時候就慚愧，
覺得悲傷的時候就悲傷。

除了讓當時的感情盡情渲洩外，
別無它法。

47
Positive thinking

當你想被疼愛時，
會說：「我愛你」，還是「你都不愛我」呢？

星期一的早上，
在身體還沒有完全準備好要去上學或上班的時候，
如果真的明確說出：「今天真不想去上課呀！」
或是「老闆真囉唆，今天真不想去上班！」
這樣將心中所想的老老實實地說出來，
就會更不想去。

不過，如果覺得今天去上班或上學是件很快樂的事時，
在心裡想著：
「今天在學校要做哪些事……」
「今天的工作很有挑戰性，好期待哦！」
如此一來，愉快的心情就會更加強化。

對先生的不夠體貼，愈是抱怨、發牢騷，
就會越覺得自己的老公不僅不解風情，
也一點都不懂得憐香惜玉。

不過，如果經常對喜歡的人，
當著他的面或是在別人面前說：
「我喜歡你！」
越採取直接示愛的行動，
越能強化愛的心情。

下次你需要被愛的感受時，
會說：「我愛你」
還是「你都不愛我」呢？

48

Being optimistic to face the challenges

假如你可以選擇快樂，
為什麼要選擇痛苦？

每當遇到任何煩惱的時候，
你要告訴自己：
「如何讓現在的我更快樂？」

每一次遇到挫折的時候，
你要這樣想：
「成長的機會來臨了！」

也許某些時候，
因為別人的要求，
你無法控制自己要做的事情。

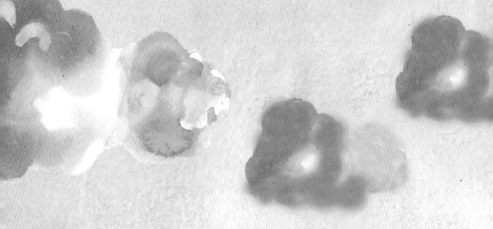

雖然你無法決定自己要做或不做這件事，
但你永遠可以改變做這件事的心情。

同樣要做一件事，
你可以快快樂樂、開開心心地去做，
也可以一臉憂苦地去做。

不過，假如你可以選擇快樂，
為什麼要選擇痛苦？

49
Seize the day

有些人只看見「明日」的價值，
　　卻看不見「今日」的價值。

假如你身處一月，
千萬不要幻想二月的活動，
而喪失了可能會在一月得到的良機。

也不要因為你對下個月、下一年有所憧憬，
而虛度了這一個月。

如果你的目光注視著天上的星光，
就會對周圍的美景視而不見，
而踐踏了腳下的玫瑰花。

有些人只看見「明日」的價值，
卻看不見「今日」的價值。

當日應該行善的機會，

他們無暇顧及，

卻夢想著有朝一日飛黃騰達，

要成為一位慈善家。

試問，

有誰可保證一旦你脫離了現有的位置，

就能得到幸福呢？

唯有「現在的幸福」才是真實的，

請好好珍惜。

50

Accept who you really are

試著對自己說：「這就是我。」

假設你現在正為自己的某個部分所煩惱，

覺得「我不喜歡現在的我」，

其實在意這點的只有你自己而已，

生活在你周遭的同事、親友根本對此不在意。

記住，只有你自己在乎。

若是你能接受自己的弱點，

反而有機會將它轉變成一種優點。

只要從別人的角度來看這件事，

你就能理解。

假設有兩位異性朋友對你告白，

他們都有對人講話容易緊張、聲音會顫抖的共通點。

其中一方為了隱藏這點而巧妙地加以抑制，

以極力維護自尊的方式告白。

而另外那個人則接受了自己這樣的缺點，
雖然聲音會發抖，
但是告白中充滿了愛意和柔情。

不論你是否會選擇後者，
都會為其坦誠的心而感動。

接受自己的缺點而坦然地生存在世上，
或是隱藏自己的缺點以假象的理想形象活著，
這會在漫長的人生中產生相當大的差異。

51

To be loved is to show the real you

如果**失去自我**，就無法眞正地愛人。

人生最大的失望，

莫過於不被重視的人所愛，

明明為了被愛而拚命努力，

卻失去了自己。

戀愛，

並不是要讓「保護自己」和「愛人」

成為對立的兩方。

如果你感受不到被愛，

只是因為對方沒有愛你的能力罷了，

問題在於對方能力的不足，

而不是你的缺失。

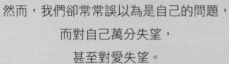

然而，我們卻常常誤以為是自己的問題，
而對自己萬分失望，
甚至對愛失望。

你要了解，
如果人真正地愛著什麼，
就絕對不會失去自己的人生。

因為一旦失去自我，
就不能真正地愛人。

52 *Being independent in a relationship*
要反省自己，會不會
「對某人有異樣的憧憬，或是過度的信賴」？

如果有一個能衷心信賴、尊敬的人，
可以幫你確立人生的方向與目標，
這是很好的。

不過一旦這份尊敬或憧憬太過頭，
就容易否定自己的感覺，
進而扭曲原本的價值觀或人生觀。

因為異樣強烈的憧憬，
會讓自己過分依賴對方，
失去了獨立自主的心。

如果你時時告誡自己：
「在他的面前，不這樣表現不行。」
不管對自己或對方而言，
這種虛偽的表現就注定了不幸的結局。

所以，當你發現自己對對方懷抱異樣的憧憬或尊敬時，
我覺得有先合理質疑自己的必要。

53 *Don't make changes in order to cater to others*

不要照著自己的好惡，
把身邊重要的人改成你想要的樣子

有些人喜歡要求對方改變生活方式、改變習慣，

一旦你想要對方改變，

就表示內心有一種強烈的想法：

「這個人跟我想要的不一樣。」

對方如果勉強接受戀人的要求，

不只會加深對自己的無力感，

也會演化成對戀人的敵意。

當戀人說：「這條領帶不太合適吧！」的時候，
對方回答：「怎麼啦？這很好啊！」

如果為了討戀人的歡心，
而回答：「喔，那就換一條吧！」
其實就已經把自己的敵意「內化」了。

長期累積下來，
遲早會讓彼此的距離越來越遠。

其實愛情並不複雜，
如果我們可以活出真正的自己，
對方也可以活出他們自己，
就可以一直保持新鮮的愛情。

54 *Unveil your true feelings*
當你感受到愛時，
就勇敢表現出來吧！

冷冰冰、刻薄、貧乏的人，

在這世界上不勝枚舉。

但無論是心裡快樂、悲傷或寂寞的人，

都同樣十分渴望愛的滋潤。

但是，
對於那些從出生到現在都沒有被愛過的人，
即使感受到愛，
也不知道如何表達。

在這種時候，
除了率直表現心中的感受外，
沒有其他更好的方式。

當你像種籽發芽一般，
自然表現出內心深處的愛與溫柔，
最純真的感情也將流動於彼此心中。

55

Do your best , that's all

人是不可能十全十美的，
你當然也不例外。

人是不可能十全十美的，
你當然也不例外。

有時候，心裡想要去做一件事情，
偏偏又會在意很多別的因素，
這就意謂著，
你已經被「我不可以不完美」
這樣的想法所操縱。

如果事事要求完美，
當然就會綁手縛腳、裹足不前。

如果停下來，就什麼都做不成，
眼前的不確定感也會越來越嚴重。

在猶豫不決的時候，
請記住：
無論什麼都好，
只要選定一個目標，
持之以恆地做下去就可以了。

只要以你自己的本性盡力而為，
最後你會發現原本會在意的事，
其實一點也無關緊要。

56
Follow your own step

別管別人說什麼，
充分發揮每一段寶貴的時光

經常有人會遇到這種煩惱：

「我母親希望我將來能當醫生。」

「我父親希望我像他一樣成為成功的企業家。」

然後你會想：

「誰也不想知道我未來想做什麼！我到底該怎麼辦呢？」

如果你聽了他們的意見，

有人會高興，

但是你自己會快樂嗎？

你是個有限生命的凡人，

不應該去聽從別人的意見，

放棄自己的願望和理想，

這樣只會遺憾終生。

我們每個人擁有的只是此時此刻而已，

別管他們說什麼，按照你的想法，

充分發揮生命中每一段寶貴的時光。

57

To improve step by step

大處著眼，小處著手，
別操之過急。

人體的血液時常更新，
就能維持身體的健康。

同樣的，
要讓手邊的事務順利進行，
必須常吸收各種新觀念、新方法。

每天早晨上班時，
你只要問自己：
「昨天我有沒有什麼可以改進的地方？」
並下定決心，告訴自己：
「我今天做的一定會比昨天更好！」

每天持續的進步，

一年下來，

你會發現自己的事業將有驚人的進步。

一般人總認為要做大事業，

必須要全面又快速地改革、前進。

其實只要先從小處下手，

逐漸的改良、演進，

最終也能獲取偉大的成就。

58 *Make good use of your desire*

欲望，一旦善用就是力量。

時常會聽到別人說：
「我很想創業，但缺乏資金。」
自我否定心中的願望。

或是「要進大公司的人太多了，應該輪不到我。」
明明就很想進去，
卻違背了自己真正的想法。

每個人都有想要實現的心願，
我們都曾希望自己有朝一日能成為一個大人物，
但大多數人都選擇了扼殺夢想，
而不是順從它。

扔掉以上這些破壞願望的垃圾思想，
極盡所能地發揮你的力量，
全心全意地去做你想做的事情。

欲望，
一旦善用就是實現夢想的力量。

59

Seize the chance

「沒有機會」
是失敗者的托辭

大多數人都認為，
自己之所以失意，
是因為得不到別人擁有的機會。

他們最常說：
「沒有人幫助我。」
「沒有人提拔我。」

但真正有骨氣的人卻不會推託。
他們只是邁步向前，
不等待他人的援助，
他們依靠的是自助。

世界上需要而缺少的，
正是那些能夠製造機會，並牢牢把握的人。

凡是在世界上闖出一番大事業的人，
往往不是那些受到幸運之神眷顧的寵兒，
反倒是那些原本看起來「沒有機會」的苦孩子。

60 *Take actions right away*

要做就立刻去做！

當你忽然想到一個靈感時，

會馬上去做？

還是想要等到以後再去做呢？

試著把自己想像成一個藝術家，

當你想到一個美妙絕倫的作畫靈感時，

如果不立刻提筆將這印象畫下來，

當時間一分一秒的流失，

這幅鉅作也會漸漸被你一點一滴抹去。

多拖延一分，
事情的難度就會更加重一分。

當你發覺自己一有拖延的傾向，
應該一躍而起、馬上著手，
不要畏難、不要偷安，
「要做就立刻去做！」

61

Don't be preoccupied by unhappiness

一切的成就，
都始於一個最簡單的意念。

世上無難事，只怕有心人。

成功是產生在那些具有「成功意識」的人身上，
失敗則來自於那些不自覺產生「失敗意識」的人身上。

一切的成就，
一切的財富，
都始於一個最簡單的意念。

你還要讓那些不快樂的事，
繼續佔據著能讓你召喚快樂的心嗎？

62

Unlock your gift

看見心中
閃閃發光的
「鑽石」。

也許你善於傾聽別人的苦楚，
也許你有一道特別擅長的家常菜，
這些看似不足為道的小小能力，
可能是你日後身價大漲的潛能。

一個人只要真心期盼，
願望絕對不是遙不可及，
因為開啟希望的鑰匙，
就在你身邊。

換句話說，
你所渴望擁有、實現的東西，
都在你與生俱來的才能中。

快把藏在心中多年的「鑽石」挖出來吧！

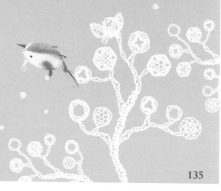

63

Do your best once you make up your mind

工作不但是為了生活，
也是為了自己。

在現實生活中，
許多人都選擇了不適合自己的事業，
既無可避免卻又挑剔過日，
面對現實的挑戰，
又不願自我調整。

其實，

人們經常在做了99%的工作後，

最後還是一走了之，

放棄了可以讓他們成功的臨門一腳。

這不但輸掉了一開始的投資，

更喪失了衝刺之後發現寶藏的喜悅。

要不就不做，

要不就做到最好，

一旦決定自己要做什麼，

就不要輕易改變主意。

64

To win others' respect is to treasure yourself

你認爲你的身價有多少，你就有多少。

一生都躲在別人背後的人，
絕大部分在其幼兒時期，
這種畏懼獨當一面的意識就已深植心底了，
一時的逃避，卻決定了終生的走向。

因為你的思維決定了你的行動，
你的行動又決定了別人對你的反應。

你認為你的身價有多少，
你就有多少。

如果想要獲得別人的重視，
當你真正地看重自己，
才能贏得他人的尊重。

65

Use happiness to wipe out negative emotions

用溫暖的光線趕走
黑暗的陰影。

我們能決定自己要想什麼事情，
與不要想什麼事情。

假使頭腦為了動怒而發熱，
就讓愛的思想、寬恕的力量進到心裡，
怒氣的熱度自然會逐漸消退。

大部分的人之所以無法控制情緒，
是因為一味地驅逐心中的「不好」，
而不知用「好的力量」消滅「不好的力量」。

當你下次想趕走心中的不愉快，
很簡單，
只要為自己點一盞燈，
讓光照進來，
黑暗自然無影無蹤。

66
貧窮本身並不可怕，
可怕是貧窮的思想。

假使你覺得自己的前途無望，

覺得周遭的一切黑暗慘淡，

那你就轉過身來，

面對陽光，將陰影拋在身後。

貧窮本身並不可怕，

可怕的是「讓自己貧窮」的思想。

認為自己注定貧窮的人，

注定老死於貧窮的信念。

世間的幸福，

人人皆有分。

去爭取你應得的「富裕」，

那是上天賜予你的財富！

Release yourself from the limited conviction

67

Striving for the lack of need

能力是抗拒困難的結果

假使我們不需因生計的壓力被迫工作，

就可獲得一切所需，

將會怎樣呢？

我相信一萬個人之中，

沒有一個人會為了培養崇高的品性，

才去和現實生活殘酷的搏鬥。

如果你是生在富裕家庭的孩子，
可能會對自己說：
「我已經擁有一輩子都花不完的錢了，
又何必清早起來辛勤的工作呢？」
於是又翻身呼呼大睡了。

「狡猾」的自然法則，
就是利用了這種方法。

人類因感覺需要而努力奮鬥，
才能實現相對的才智與能力，
這就是演化的意義。

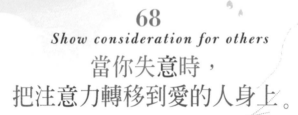

68
Show consideration for others

當你失意時，
把注意力轉移到愛的人身上。

當你感到低潮之時，
先慢慢地走出陰暗的洞穴，
看一看外面的世界吧！

與其花更多精力沉溺悲傷的情緒中，
不如把注意力轉移到其他人身上，
好好地關心你真正愛的那些人。

不論是打一通電話給遠方的父母，
或是激勵也正處於低潮時刻的好友，
當你覺得被全世界遺棄時，
先走出去擁抱所愛的人，
別人也將更加倍地關心你、愛護你。

很神奇地，
當人們摒除了恐懼、憂慮和自我中心的意識後，
就會看見生命中真正的喜悅，
原本灰暗的世界也將煥然一新。

偉大的人物，總是先例的破壞者。

能夠成就大事業的人，
永遠是那些相信自己見解的人，
因為他們敢於想人所不敢想，
為人所不敢為。

只有懦弱、膽小的人，
才不敢去做破壞的事。

先例的奴隸，
是那些把困難的事情當作不可能的人。

他們最常掛在嘴上的話就是：
「這沒辦法做，這不可能成功。」

偉大的人物，
從不相互抄襲，
能在世界文明中開闢新路的人，
總是先例的破壞者。

70 *Insist on your strength*
人生的法則，就是信念的法則。

社會上充斥著許多似是而非的説法：

只有有錢的人才算是有成就，

只有漂亮的人才能成為明星⋯⋯

讓我們一直誤解了命運與人生的關係。

見識淺薄的人相信命運，
習慣依賴運氣的人也常常滿腹牢騷，
一味期待著機運的降臨，
最後只能在空等的不滿中，
日漸衰老地過完一生。

成功的人，
他們認為事情的開始與結束絕非偶然，
他不相信命運的支配，
他只相信自己的力量。

人生的法則，就是信念的法則。
那些你所接受的、所信奉的一切，
今後都會從你的行動中顯現出來。

The power of dream

人類最神聖的遺傳，就是夢想的力量。

我們現在享有一切的便利，
不過是過去各個時代夢想的總和，
以及過去各個時代夢想實現的結果。

沒有夢想，
美國人現在恐怕還在大西洋海岸的角落遊蕩，
沒有夢想，
也就沒有汽車、手機、電腦、飛機……

世界上最有價值的人，
就是那些……
相信這個時代的人類將從今日的限制、迷信中解放，
能夠預見到未來的變化，
同時也有能力去實現它們的人。

善於夢想的人，
會具有「銅牆鐵壁也非牢獄」的想像力，
所以如果你相信明天會更好，
今日的痛苦就一定會減少，
千萬別輕易放棄任何希望。

72

Success is to make more preparation

想成功，只要比別人早一步失敗。

大多數的人都沒有一個好的開始，
但如何看待眼前的阻礙、
是否從錯誤中學習，
往往決定了你會成為一個什麼樣的人。

市場的領導者，
幾乎都是起步比較早的人。

起步比較早，
並不代表他們一開始就做得比別人好，
而是他有更多的機會、時間去調整錯誤。

如果你比別人早一點思考、早一點起步，
每天都為將來多修正一點點，
當你做好充分的準備，
機會來臨之時，就是你大展身手的時刻了。

「早起的鳥兒有蟲吃」，
如果你起步比較晚，
從現在開始，
你要去思考，如何比別人捷足先登？
對於未來，你就擁有一個好的開始。

73

Set up the positive attitude toward incidents

重要的是，你如何看待發生的事，
而不是到底發生了什麼事。

每個人的生命，
都具有無窮無盡的可能性，
然而大多數人都害怕冒險，
選擇了安於現狀。

但突如其來的意外，
往往讓人生走向不可預測的方向。

有個人在六十歲時因意外事故被燒得不成人形，
四年後又在一次的墜機事件中，造成下半身癱瘓，
你覺得他接下來的人生該怎麼辦？

最後，他成為一個受人愛戴的演說家、
成功的企業家、身價億萬的富翁，
還去泛舟、玩跳傘。

一場意外，讓他的人生瞬間翻轉，
快樂、成功更超越了過往的六十年。

在某次演説中，他告訴世人：

「我癱瘓前可以做一萬件事，

現在我只能做九千件事，

我可以把注意力放在無法再做的一千件事上，

也可以把目光放在我還能做的九千件事上。

如果我能選擇不把挫折當成放棄努力的藉口，

那麼或許你們也可以用一個新的角度，

來看待一些讓你們裹足不前的經歷。」

你可以退一步、想開一點，

對自己説：「或許那也沒什麼大不了的！」

重要的是，你如何看待發生的事，

而不是到底發生了什麼事。

74

To picture the invisible accumulation

你的工作，
就是生命的投影。

工作就是一個人人格的展現，
看到一個人工作時的狀態，
就是他性格的寫照。

許多人都覺得自己是為了「需要」而工作，
把工作變成每天不得不做的一種苦役。

而世界上最乏味的工作，
莫過於家庭主婦。
才把碗洗好，用完餐後碗又髒了；
好不容易把地板拖乾淨，
幾個小時後，地上又出現髒汙。

花了一番心力做好的事情，
卻被弄得像是未曾做過一樣，
實在讓人洩氣。

但看見一家人開開心心地用餐，
一切的辛苦好像也不算什麼了。

重要的是，你知道你的努力必有成果。

或許不是直接的升遷加薪，
卻有一個無形的力量支撐著你。

可能是經驗的累積、業務的成長、同事的情誼……
諸多超越日常工作的東西，
正等著你去發覺。

你的工作，就是生命的投影，
它的可愛與可憎，
全操之你的心。

75 *Life has its own regular pattern*
弄錯了生命的順序，
力量就會打折。

如果每天都以輕鬆愉快的心情度過：
早上快樂的起床、吃下豐盛的早餐，
開心地出門上班、回家休息，
晚上舒服地進入夢鄉……

如此度過每一天，
你還會對人生抱怨或不滿嗎？

其實所有的事情都有優先順序，
弄錯了生命的順序，
力量就會打折。

「如何使現在的自己感到幸福？」
你應該用這個答案決定人生的優先次序。

76

Pay much attention to every step of the moment

不重視日常生活的人，
　　實際上也是輕視自己的人

當你覺得「好像誰在說我的壞話」時，
不要讓自己沉溺在「那人說我的壞話，我該怎麼辦？」的想法中，
應該在實際聽到對方說自己壞話的時候，
想辦法當場應對。

當你萌生「不曉得何時錢會用光？」這種不安時，
不要把心思完全投注在這種恐懼上，
只要努力工作，
並盡量注意不要浪費就可以了。

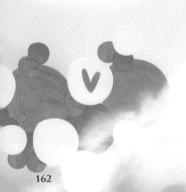

重要的不是過去曾經如何的自己，
或是未來會如何的自己，
而是現在正在這裡呼吸生存的自己。

不要使活在此刻的自己沉溺於過去的悔恨
或是對未來不安的情緒中。
現在活得健康有朝氣才是重點，
這才是造成人生幸福與不幸的重要關鍵。

不重視自己現在生活的人，
實際上也是輕視自己的人。

77 *Experience your feelings of the moment*
仔細品味自己的心情。

當我們心情開朗快樂的時候，
表示我們正在享受「現在」；
當我們覺得不安、沮喪的時候，
表示我們的心情正被過去的經驗或是觀念所束縛。

所以，在我們「痛苦」的時候，
表示我們的意識並沒有和「現在」連接，
或是和「現在」脫節了。

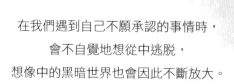

在我們遇到自己不願承認的事情時，
會不自覺地想從中逃脫，
想像中的黑暗世界也會因此不斷放大。

然而，當我們逃入幻想的世界，
面對現實生活的感覺就會變弱。

其實當我們覺得煩惱、悲傷、痛苦、羞恥的時候，
只要默默地品味這種心情就好了。

時間會解決過去的一切。
我們絕對不能和「現在」脫離。

如果具有這樣的認知，
以後對突發的情緒就會比較釋懷了。

78

Motivation reign your daily lives

過著充滿喜悅動機的每一天。

不用因為到了適婚年齡而結婚，
而要跟能讓自己感受到結婚喜悅的人結婚。

不用因為這個工作安定或聽起來好聽而去選擇它，
而要選擇一個你覺得會很愉快的工作。

隨著因為想獲得喜悅而做的選擇變多，
我們的生活就會變得更加快樂。

以往我們的生活，
的確是被許多不想做的事所束縛了，不是嗎？
盡可能將它們的動機一一改變成喜悅快樂的動機。

先將我們一整天所要做的事，
分成想要做與不想要做的，
再將不想做的事
一一轉變成自己願意去做、高興去做的事。

當所有的行程都被喜悅和快樂填滿的時候，
你就能夠以自己的步調去展開生活。

79

Stand firmly on your decisions

如果痛苦，
這是你所選擇的。

回想一下以往的人生，
在需要花費大筆的金錢，
或是決定未來去向、生活型態等
重大決策的時刻。

仔細審視當時你做決策的動機，

到底是被不安和恐懼驅策的決定，

還是因喜悅所做的決定？

從今以後，最好你都能以喜悅做為決策的出發點。

當然，

人生有時也會有雖然很痛苦，

但還是得盡義務的時候。

即使如此，

更要為盡義務而努力的自己，

給予肯定的掌聲和讚美。

80
Listen to your determination

雖然要聽取周圍否定的意見及忠告，
卻應該更肯定自己的幹勁。

在我們之前的時代，

是一個動盪不安的時代。

所以在那個時代長大的長輩總會告誡：

「如果你不這樣做就完蛋了！」

「跟不上或落後別人是件不得了的事！」

無論是家庭或學校，常常是這樣教我們的。

就某種意義來說，我覺得這是一個異常的時代。

因為將自己賣給恐懼和不安是絕對無法幸福的。

當我們對某一件事覺得有自信或很有趣的時候，

有人會潑我們冷水，

說我們的想法太過單純和簡單，使我們喪失幹勁。

雖然他的話可能是出於無心，絕對沒什麼惡意。

但是，嚴格說來，我覺得這才是最可怕的行為。

因為使人喪失幹勁和活力的行為是最要不得的。

我們雖然要聽取和接受周圍否定的意見及忠告，

卻也應該更肯定並相信自己的幹勁。

如果連我們自己都無法相信好不容易才感受到的「幹勁」，

那麼日後，

當我們要開始一項新的工作時，

就可能會變成：

「不要勉強會比較好。」

「隨便做做就可以了。」

「不要出什麼大差錯就好了。」

言行的動機就會變成不願面對的不安與恐懼。

千萬別因為別人過時的操控，

失去了原本信心滿滿的人生。

81 *Live for today*

別再替「未來」過日子。

許多人認為所謂的幸福就是
「在未來可以實現心中的理想」。
但是，若因此而犧牲許多「現在」的時間，
那麼付出的代價與失去的東西也太多了。

「今日」所擁有的幸福，
若是能存續到明天、後天直到永遠，
這不就是真正的幸福嗎？

因此，
如果今天不幸福，幸福就不會造訪未來。
要讓我們的今天過得幸福，
就必須充分地把握「現在」，讓現在感到充實。

這並不需要豪華、特別的環境，
和自己是不是特殊的人、有沒有特別的才能，
或是和旁人評價的好壞都沒有關係。

「希望每天都過著幸福的日子！」
要達成和創造這樣的感受是很簡單的。

不過我們常在不知不覺中就患了
「替未來過日子」的老毛病。

82

Saving gladness to build up your confidence

儲蓄多一點「喜悅」。

我們常會不自覺地在心中做各式各樣的「儲蓄」。

如果你的一言一行是建立在虛榮心之上，

心中就會儲蓄虛榮；

一言一行是建立在不安之上，

心中就會儲蓄不安；

一言一行是建立在愛之上，

愛就會在心中滋長；

一言一行是建立在喜悅之上，

喜悅就會累積。

如果不管做什麼事都以「沒有辦法、很無奈」的心態去做，

這種「無奈」的心態就會不斷地出現和累積，

因此，你就變成不論做什麼事都會覺得很麻煩的人。

所以許多上了年紀的人會有「做什麼都覺得麻煩」的感覺，

與其認為這是因為受限於年老體衰造成的行動不方便，

其實根本是因為過去他們已不斷儲蓄了太多「感覺好麻煩」的習慣。

就像如果懷著對將來的不安而工作的人，

愈是努力工作，

對於未來的不確定性、缺乏安全感，

愈是與日俱增。

本來工作的目的是為了消除對將來的不安，

結果不安不降反升。

而愈想用價格昂貴的禮物

去抓住男（女）朋友的心的人，

禮物送得愈多，反而會有情人離自己愈來愈遠的感覺。

其實只要多種下一些「喜悅」的念頭，

你心理的各種負擔馬上就會變輕許多。

83
Working hard for what you believe to be important
活出人生的使命感！

我所認識的每一個成功的人，

都對自己的存在有一種使命感，

他們都相信自己是為了一個特別的理由而來到世上，

而這個理由就是他們正在做的事情，

因此他們對手邊的工作感到非常有價值。

你認為自己為什麼會生在這世界上呢？

如果你不知道，趕快去找答案。
挖掘你的潛能，探索你的內心世界，
想想看從事什麼會使你感到滿腔熱情，
以及為什麼？

你必須先找出什麼是在「你的生命」中重要的事情，
因為所謂的成功，不過就是活出自己的使命。

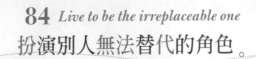

84 *Live to be the irreplaceable one*
扮演別人無法替代的角色

你來到這個世界上是有原因的，
是為了造就自己，
是為了幫助別人，
是為了扮演一個別人替代不了的角色。

因為每個人在這場盛大的人生戲劇中，
都扮演著自己。
如果你不扮演這個角色，
這齣戲就有缺陷了。

只有當一個人意識到
他注定來世上扮演好哪一種角色時，
他才能有所作為，
屬於他的人生格局也於此展開。

85 *Embrace your weaknesses*

只要能夠接受自己的弱點，
就可能成爲他人眼中良好的個性。

為了維護完美的形象，

我們常會不知不覺地忘了一開始的初衷，

而變成冷酷的人。

我曾經因為在人多的場合，

聲音會顫抖、臉會發紅，

更害怕與別人的視線交接，

突然間覺得這世間之大，

竟沒有自己可以容身之處。

事實上，
這只不過是自己的感覺，
周圍的人對於我的外在表現，
也只有「原來他這麼害羞」而已，
除此之外並沒有什麼特別的感覺。

是我的誤解使得自己離人群愈來愈遠，
並讓自己陷於孤獨當中。

後來，
有了情人之後，我向他問了這個問題，
結果答案令我十分驚訝。

他認為，手會抖、臉會紅正是我的特點，
他就是喜歡我這點，一點都不需要改變。
然而，我卻為此而過了數年有如地獄般的生活，
真是不值得呀！

不論是弱點或缺點，
其實只要自己能夠接受，
就可以成為他人眼中良好的個性。

86
Your state of mind dominates your destiny

決定幸與不幸的，其實是自己的心態。

一年當中都有美麗的四季變化。

春天有春天的好處，

夏天、秋天與冬天也都是很棒的季節。

但是，我們通常會在陰雨的春天想著乾爽的秋天；

無法忍耐夏天的炎熱而盼望冬天的到來；

吃不消冬天的寒冷而懷念夏天……

總是讓自己處於無法滿足的狀態中過日子。

在體驗同樣的事情時，

有些人感到幸福；

而一些人覺得不幸……

決定幸與不幸的，

其實是自己的心態，

絕對不是外界所造成的影響。

人際關係也是一樣的，

對於無論如何都無法排除厭惡感的人，

可以試著對他的優點給予正面評價，

對於他的缺點在可能範圍內視而不見。

如果大家都能互相體諒、彼此認同，

在感謝的心情中自我成長，

美好的世界於是到來。

87

Think what efforts you've made to your goal

要接近夢想，就不能繞道而行！

如果你想要編寫電影劇本，
必須每天寫一點點，
你可以規定自己每天一定要寫多少字或多少頁。

如果你想要成為頂尖的業務員，
必須要求自己每天至少打多少通電話、
親自拜訪多少客戶。

如果你想成為某一方面的專家，
只要每天花一點時間吸收相關的資訊，
很快就會有所成長。

能否實現夢想的標準，
並不在於每天的進度應該多少，
而是你真正做了哪些有助實現夢想的事。

88

Don't be knocked down by endless setbacks

破產二十次的人，是可以信任的！

曾聽過知名的銀行家說：
「破產二十次的人，是可以信任的！」

命運經常給某些人重重的一擊，
讓我們伏倒於地，
然後看誰能夠站起來再投入戰場。
那些勇者就被上天選為命運的主人，
擔當起對全人類重大的使命。

在人生奮鬥的過程中，
你會發現，
命運總是護衛著那些認為「自己不可能會失敗」的傻蛋，
他們最終也創造出「不可能」的命運。

如果連續的失敗之後，你仍躍躍欲試，
成功的種子已在你心中發芽，
請給它希望、信心的陽光和雨露，
就會開出成功的花。

國家圖書館出版品預行編目資料

哭完就好，事情哪有這麼嚴重! / 長澤玲子 著;
馬曉玲編譯. -- 初版. -- 新北市：啟思出版,
2012.08
　　面；　公分

ISBN 978-986-271-202-3(平裝)

1.修身 2.生活指導

192.1　　　　　　　101004280

哭完就好，事情哪有這麼嚴重！

本書採減碳印製流程
並使用優質中性紙
（Acid & Alkali Free）
通過綠色印刷認證，
最符環保要求。

出 版 者 ▶ 啟思出版
作　　者 ▶ 長澤玲子　　　　　　　　編　　譯 ▶ 馬曉玲
繪　　者 ▶ Clare+嘉　　　　　　　　美術設計 ▶ 李家宜
品質總監 ▶ 王寶玲　　　　　　　　　文字編輯 ▶ 范心瑜
總 編 輯 ▶ 歐綾纖

郵撥帳號 ▶ 50017206 采舍國際有限公司（郵撥購買，請另付一成郵資）
台灣出版中心 ▶ 新北市中和區中山路2段366巷10號10樓
電　　話 ▶ (02) 2248-7896　　　　　　傳　　真 ▶ (02) 2248-7758
I S B N ▶ 978-986-271-202-3
出版日期 ▶ 2018年最新版

全球華文市場總代理 ▶ 采舍國際
地　　址 ▶ 新北市中和區中山路2段366巷10號3樓
電　　話 ▶ (02) 8245-8786　　　　　　傳　　真 ▶ (02) 8245-8718

全系列書系特約展示
新絲路網路書店
地　　址 ▶ 新北市中和區中山路2段366巷10號10樓
電　　話 ▶ (02) 8245-9896
網　　址 ▶ www.silkbook.com

線上 pbook&ebook 總代理 ▶ 全球華文聯合出版平台
地　　　址 ▶ 新北市中和區中山路2段366巷10號10樓
主題討論區 ▶ www.silkbook.com/bookclub　　　● 新絲路讀書會
紙本書平台 ▶ www.book4u.com.tw　　　　　● 華文網網路書店
電子書下載 ▶ www.book4u.com.tw　　　　　● 電子書中心（Acrobat Reader）

本書係透過華文聯合出版平台自資出版印行。

華文自資出版平台　　　全球最大的華文自費出版集團
www.book4u.com.tw　　專業客製化自資出版‧發行通路全國最強！
elsa@mail.book4u.com.tw
panat0115@book4u.com.tw

Never Mind,
Everything will be all right!

Never Mind,
Everything will be all right!

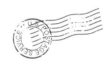

Never Mind,
Everything will be all right!

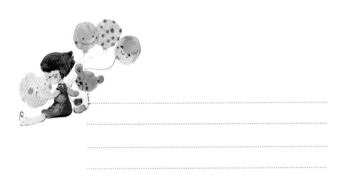